SÉRIE SUCESSO PROFISSIONAL

Negócios Éticos

LINDA FERRELL & O.C. FERRELL

UM LIVRO DORLING KINDERSLEY
www.dk.com

PUBLIFOLHA
Divisão de Publicações do Grupo Folha
Al. Barão de Limeira, 401, 6º andar, CEP 01202-900, São Paulo, SP
Tel.: (11) 3224-2186/2187/2197
www.publifolha.com.br

COORDENAÇÃO DO PROJETO
PUBLIFOLHA
EDITORA-ASSISTENTE: Paula Marconi de Lima
COORDENADORA DE PRODUÇÃO GRÁFICA: Soraia Scarpa
PRODUTORA GRÁFICA: Mariana Metidieri

PRODUÇÃO EDITORIAL
EDITORA PÁGINA VIVA
TRADUÇÃO: Rosemarie Ziegelmaier
EDIÇÃO FINAL: Rosi Ribeiro
REVISÃO: Mariana Zanini e Laura Vecchioli
PRODUÇÃO GRÁFICA: Priscylla Cabral
ASSISTÊNCIA DE PRODUÇÃO GRÁFICA: Bianca Galante

DORLING KINDERSLEY
EDITOR SÊNIOR: Peter Jones
EDITORA DE ARTE SÊNIOR: Helen Spencer
EDITORA-EXECUTIVA: Adèle Hayward
GERENTE DE EDIÇÃO DE ARTE: Kat Mead
DIRETOR DE ARTE: Peter Luff
GERENTE EDITORIAL: Stephanie Jackson
EDITOR DE PRODUÇÃO: Ben Marcus
GERENTE DE PRODUÇÃO: Hema Gohil
EDITORES: Kati Dye, Maddy King, Marek Walisiewicz
DIAGRAMADORES: Paul Reid e Lloyd Tilbury

Este livro foi impresso em setembro de 2010 na Corprint, sobre papel couché fosco 115 g/m².

Dados Internacionais de Catalogação na Publicação (CIP)
(Câmara Brasileira do Livro, SP, Brasil)

Ferrel, Linda
Negócios Éticos / Linda Ferrel & O. C. Ferrel; [tradução Rosemarie Ziegelmaier]. – São Paulo : Publifolha, 2010. – (Série Sucesso Profissional)
Título original: Ethical Business.
ISBN 978-85-7914-233-8

1. Comportamento organizacional 2. Ética em negócios 3. Sucesso em negócios. I. Ferrel, O. C. II. Título. III. Série.

10-08776 CDD-650.1

Índices para catálogo sistemático:
1. Ética empresarial : Administração 650.1
2. Sucesso das empresas : Administração 650.1

A grafia deste livro segue as regras do Novo Acordo Ortográfico da Língua Portuguesa.

Sumário

CAPÍTULO 3

Como implementar programas éticos

CAPÍTULO 4

O mundo além da empresa

Introdução

Mais do que em qualquer outro momento da nossa história, hoje uma empresa que atua de forma ética exerce impacto real sobre cada pessoa. Tanto nos períodos de crise financeira como nas decisões diárias que moldam o ambiente de trabalho, por exemplo, a conduta faz a diferença.

A questão da ética empresarial passou dos livros de filosofia para a direção das organizações, trazendo novas abordagens para a estratégia de negócios e a tomada de decisões. A adoção de uma postura ética já não é bandeira de alguns indivíduos bem-intencionados, mas a essência do sucesso sustentável.

Este volume aborda a complexidade das decisões éticas nas empresas de hoje, tanto nas grandes como nas pequenas. Com base em estudos de caso, identifica problemas reais, as áreas de risco e as escolhas que cada organização enfrenta em um momento de vigilância intensa por parte da mídia e dos acionistas. Temas como a responsabilidade dos dirigentes, executivos e funcionários e o impacto sobre o meio ambiente e a sociedade em geral permitem uma introdução prática a um assunto que será determinante no futuro – das empresas e dos profissionais.

Capítulo 1

O que é uma empresa ética?

Uma organização ética tem clareza quanto ao que é certo ou errado, de acordo com as expectativas da sociedade. Cada vez mais este aspecto terá de ser levado em conta nas atividades e estratégias das empresas.

Um caminho possível

A ética inclui um terreno amplo e abrange aspectos variados – do equilíbrio na vida pessoal e profissional à avaliação dos impactos da globalização. No mundo corporativo atual, a gestão dos riscos pode proteger uma empresa das crises e impulsionar o seu sucesso financeiro.

DICA

PERGUNTA IMPORTANTE

Ao fazer entrevista para uma vaga, pergunte sobre a preocupação ética da empresa. A resposta que você receber pode revelar a cultura interna da organização.

Gestão de riscos

A ética empresarial envolve o gerenciamento de riscos. Se você é um gerente de recursos humanos, por exemplo, entre suas atribuições estão a contratação e a demissão de funcionários e a manutenção de registros. Caso atue no setor de marketing, irá lidar com a honestidade nos anúncios publicitários e nas estratégias de venda. Profissionais do setor de finanças são responsáveis pelo fornecimento de dados confiáveis. Sem a correta identificação de riscos, liderança e apoio à conduta ética, a ilegalidade pode ocorrer em qualquer companhia.

Compromisso assumido

A ética empresarial é diferente da ética pessoal. Valores pessoais, como honestidade e senso de justiça, são importantes na tomada de decisões éticas no trabalho, mas constituem apenas um dos elementos que norteiam as ações e estratégias organizacionais. As decisões da empresa envolvem complexas considerações de ordem econômica, jurídica e social, e compreender os riscos e os comportamentos esperados em um dado setor exige anos de experiência.

Empresas corretas têm um código ético que recebe a mesma relevância de outros sistemas de gestão de qualidade. Seguem um conjunto de princípios que orientam a conduta e adotam processos para garantir sua aplicação. Uma empresa pode assumir o compromisso de não mentir para fornecedores e clientes, por exemplo, e não tolerar qualquer descumprimento. O segredo do sucesso está na liderança de profissionais esclarecidos, capazes de identificar os riscos e lidar com "zonas nebulosas".

DICA

LIDERANÇA CONSISTENTE

A contratação de profissionais íntegros coloca a empresa no caminho da ética, mas isso não basta: é essencial contar com uma liderança forte e incentivo constante.

NA TRILHA DA ÉTICA

PISTA CERTA	CONTRAMÃO
Concentrar-se em princípios coletivos	Focar apenas em aspectos individuais
Criar uma cultura ética na empresa	Tomar decisões sem considerar o aspecto ético
Liderança ética consistente	Expectativa de que a conduta correta ocorra de forma espontânea
Transformar a preocupação ética em um aspecto constante e geral	Abordar o assunto apenas em casos específicos

Princípios e valores

Os princípios constituem a base da nossa existência social. São pilares que orientam o comportamento e a forma de lidar com questões como justiça, igualdade, dever e liberdade. Já os valores estão mais associados às escolhas. Trata-se de crenças que permanecem e são partilhadas por membros de uma organização, e que definem o que é certo e errado.

Para que servem os princípios?

Os princípios equivalem ao norte na "bússola" do mundo dos negócios. São leis naturais claras e consistentes, que não mudam e funcionam como fundamentos para a manutenção de uma cultura ética. Basicamente, orientam os profissionais que tomam as decisões na hora de enfrentar situações que talvez não tenham vivenciado antes. Além disso, ajudam a estruturar as relações, a comunicação, os hábitos e a transparência da empresa.

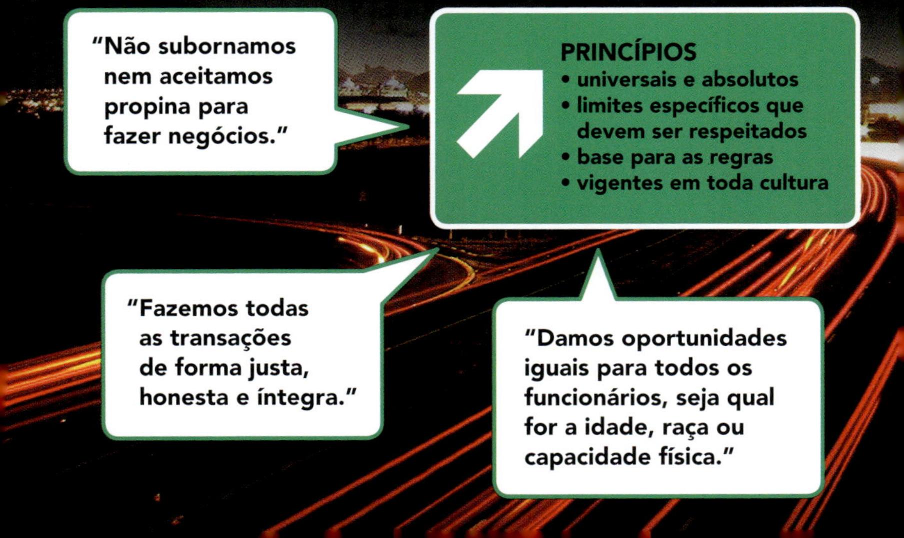

Definição de valores

Em uma empresa, os valores diferem dos princípios porque se baseiam nas escolhas feitas pelos líderes, agentes externos ou cultura da organização. São subjetivos e internos, mas decorrem de nossa experiência com o meio social e da influência de instituições como escola, universidade, religiões e governos. Os valores éticos estão associados a aspectos como responsabilidade social e lealdade, enquanto os valores empresariais têm a ver com questões como competitividade, inovação e rentabilidade.

A maioria das empresas de grande porte divulga seus valores nos informes corporativos, como sites e relatórios. A Boeing, por exemplo, propaga valores empresariais como satisfação do cliente e qualidade, mas também valores éticos como integridade, diversidade e cidadania corporativa. Um documento de 45 páginas, chamado de Conduta Ética Empresarial, aborda a maioria dos riscos éticos que a empresa corre.

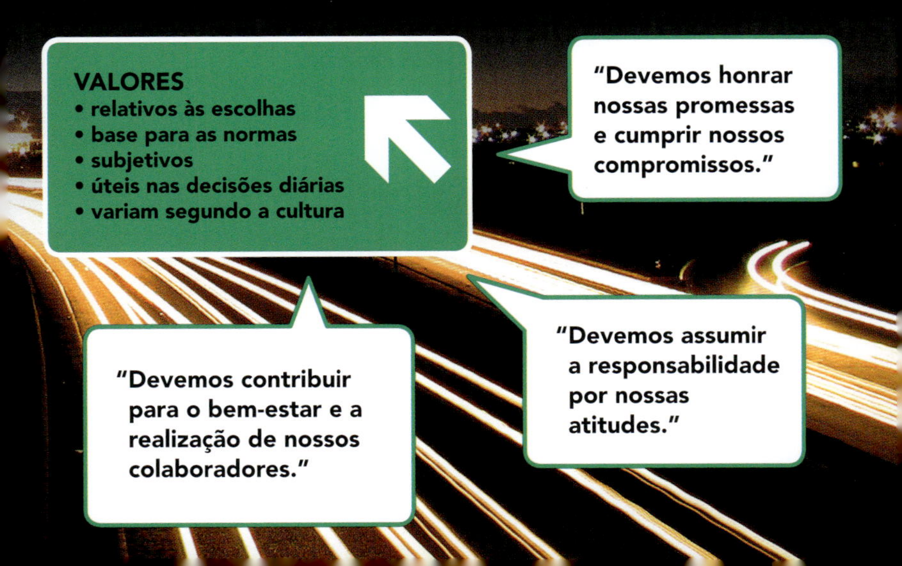

Quais as responsabilidades?

Uma empresa não existe por existir. Tudo o que faz tem implicações para os acionistas, os funcionários, a comunidade e a economia como um todo. A responsabilidade social varia de acordo com a categoria – existem empresas econômicas, legais, éticas e filantrópicas. O não cumprimento das responsabilidades pode gerar conflitos.

DICA

SEM DEMORA

Aborde o comportamento problemático assim que ele se tornar evidente. Quanto mais tempo passar, maiores os efeitos sobre os demais integrantes da equipe.

Mais do que lucros

No fim do século 20, a ideia de que a empresa tem responsabilidade apenas para com os investidores foi substituída por uma visão ampla de responsabilidade social corporativa. Hoje, a preservação de padrões éticos e a criação de um relacionamento positivo com a comunidade constituem uma parte central do sucesso a longo prazo de qualquer organização. As responsabilidades das empresas no cenário atual foram claramente expressas na forma de uma pirâmide pelo estudioso Archie Carroll.

Etapas da pirâmide

Na base estão as responsabilidades econômicas, ou seja, a contribuição para a economia. Desde o início da atividade, uma empresa precisa ser viável e gerar lucro para acionistas e proprietários, impulsionando a economia. Organizações que não cumprem esta etapa impedem o crescimento econômico e reduzem a probabilidade de investimentos estrangeiros.

O segundo nível envolve as responsabilidades legais – no caso, o respeito à legislação que rege a atuação da empresa, a qual é obrigada a obedecer a essas leis ou pode ser penalizada. Quando uma sociedade tem expectativas que uma organização não cumpre, ou quando fica claro que uma entidade está agindo de maneira desleal, as queixas podem ser levadas à Justiça. Talvez seja preciso aprovar uma legislação para regulamentar a atividade em questão. A maioria das leis relativas a empresas surge como questões éticas que geraram acusações graves e repetidas.

O terceiro nível da pirâmide envolve a responsabilidade ética. Não se trata apenas de cumprir as leis, mas envolve o que a empresa e a sociedade em geral julgam certo ou errado, justo ou injusto. Inclui ainda o que os acionistas, funcionários do governo, clientes e colaboradores consideram admissível ou não. Vale lembrar que uma conduta antiética pode ter consequências graves e capazes de prejudicar a sociedade.

No topo estão as empresas que têm como responsabilidade melhorar a comunidade e o bem-estar geral. Têm caráter voluntário, mas um número crescente de pessoas espera que as organizações dediquem tempo e esforços às causas filantrópicas. Cada vez mais as empresas reconhecem o valor de atividades sem fins lucrativos.

Responsabilidade social das empresas

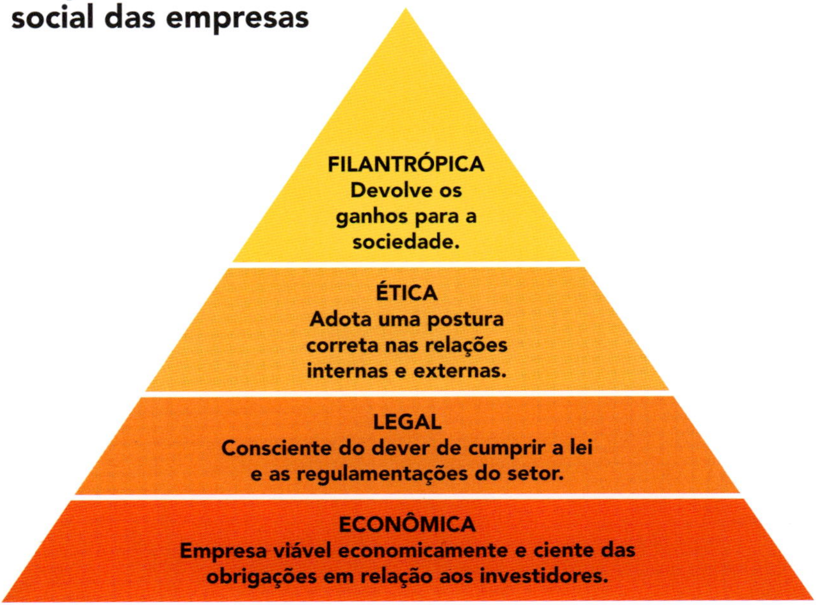

Benefícios e riscos

Quando se está imerso em prazos e preocupações cotidianas com questões como rentabilidade ou gestão de pessoas, é fácil ignorar a ética. No entanto, a implantação e a execução de programas éticos trazem vantagens comerciais tangíveis, em especial no que se refere à redução de riscos, melhora do desempenho e ampliação das perspectivas.

Ganhos concretos

Cumprir responsabilidades éticas pode ser tão vital quanto ter marketing forte ou um alto índice de reconhecimento da marca. Quem adota uma ética empresarial consistente tem resultados positivos: maior envolvimento dos colaboradores, satisfação dos clientes, investimentos dos acionistas e lucros altos.

Funcionários que trabalham em um ambiente ético tendem a se sentir mais satisfeitos. Uma pesquisa realizada pelo instituto americano Ethics Resource Center mostrou que 79% dos entrevistados consideram a ética um aspecto importante, capaz de influenciar o desejo de permanecer na empresa. Também se decla-

PARA PENSAR... ÉTICA, CONFIANÇA E ECONOMIAS PRÓSPERAS

A adoção de práticas empresariais éticas é positiva para a economia de um país. Países com organizações baseadas na confiança tendem a ter níveis mais baixos de corrupção e a oferecer maior qualidade de vida aos cidadãos. A confiança é essencial para o bom funcionamento corporativo – quando ela é evidente, clientes, funcionários e investidores apresentam níveis mais elevados de produtividade. Já em ambientes de desconfiança, a corrupção ou a regulamentação excessiva (ou ambos) predomina. Acredita-se que, em economias nas quais a confiança é alta, as pessoas se organizam e se associam livremente, criando condições para o sucesso das grandes corporações. Nas economias de baixa confiança, as empresas tendem a ser menores, em geral de propriedade familiar.

ESTUDO DE CASO

O escândalo da Enron

Fundada em 1985, a Enron Corporation cresceu e tornou-se um poderoso provedor de energia e de comunicação, apontada pela revista *Fortune* como "a empresa mais inovadora da América". Em 2001, a imensa dívida da empresa veio à tona, assim como a falta de recursos para saldá-la. O "buraco" havia sido ocultado por meio de fraudes contábeis e outras práticas enganosas. Milhares de funcionários tinham sua aposentadoria investida em ações da empresa, que despencaram após a revelação do escândalo. A falta de conduta ética foi o que levou uma organização poderosa a uma queda repentina e exemplar.

ram mais comprometidos com a qualidade dos produtos. Colaboradores satisfeitos com a conduta do local onde atuam tendem a superar as expectativas de desempenho, reagir melhor às mudanças do mercado e dedicar-se mais aos clientes. Isso acontece porque eles se concentram na criação de relacionamentos de longo prazo, o que eleva a satisfação do consumidor e incentiva novos contatos com a empresa. A presença da ética promove a confiança, melhorando a qualidade do relacionamento. Os integrantes de uma equipe que confiam uns nos outros em geral tomam decisões mais rápidas e com maior eficácia.

DICA

A ÉTICA EM DESTAQUE

Eleve o moral da equipe adotando um padrão ético consistente no trabalho. Seus funcionários irão se beneficiar com o sentimento positivo de que eles estão contribuindo para uma organização que atua corretamente.

Fidelidade dos clientes

Estudos demonstraram que uma cultura ética consistente inspira a fidelidade quando outros fatores, como a qualidade do produto e o preço, são igualmente confiáveis. Ou seja, trata-se de uma vantagem competitiva. Uma postura ética correta também atrai e tranquiliza investidores: os atos de má conduta, que podem derrubar os preços das ações e prejudicar a fama corporativa, são menos prováveis em uma organização eficaz na gestão de riscos. Além disso, cada vez mais os investidores fazem questão de direcionar seu dinheiro a empresas que se preocupam com a sociedade.

Identificação de riscos

Assim como a boa conduta ética tem benefícios claros para os lucros de uma empresa, o oposto pode resultar em uma espiral descendente. Se a confiança em uma empresa cai, os consumidores começam a procurar alternativas na concorrência, podendo até surgir campanhas negativas, como os boicotes.

Quando a desconfiança se instala, às vezes é preciso muito tempo para que o bom relacionamento se recupere. Os prejuízos se alastram, já que uma falha ética de uma empresa costuma levantar suspeitas em relação a todo o setor. O resultado da postura antiética de uma organização pode ser um efeito dominó que não beneficia ninguém.

Como resistir às pressões

Apesar das consequências potencialmente graves, muitos profissionais ainda cometem violações à ética, em um processo que não se limita aos níveis hierárquicos inferiores. Cerca de 30% dos trabalhadores ouvidos em uma pesquisa disseram já ter enfrentado pressões para cometer um ato que julgavam errado. Até quem segue uma boa conduta pessoal pode não estar preparado adequadamente para lidar com as questões presentes na vida corporativa. Profissionais que atuam em funções executivas precisam se concentrar no aspecto ético para evitar más escolhas. Somente a preocupação consistente e clara pode preparar os funcionários para as situações antes que elas surjam, dando subsídios para resistir às pressões.

Desafios constantes

Identificar os riscos e desenvolver meios para geri-los não é uma tarefa fácil. Além de aspectos como honestidade e justiça, a ética empresarial inclui questões como a qualidade do produto, as características de segurança e os preços – aspectos que variam de acordo com a empresa. As questões podem ser interpretadas de maneira distinta por cada indivíduo, o que torna essencial a criação de códigos de ética que explicitem a postura da organização. A medida reduz a dependência de decisões individuais que não necessariamente refletem os valores corporativos.

Os colaboradores, sobretudo os recém-chegados, podem não ter familiaridade com os padrões do setor e possuir códigos pessoais que não coincidem com o mundo corporativo empresarial. Como resultado, um funcionário ético pode violar as normas da empresa sem ter essa intenção. Por isso, o treinamento é essencial.

PROMOÇÃO DA ÉTICA

PISTA CERTA	CONTRAMÃO
Definir padrões éticos sólidos e específicos para a empresa	Criar padrões éticos vagos e de interpretação pouco clara
Criar um ambiente ético e confortável para os colaboradores	Faltar esclarecimento quanto aos padrões éticos do setor
Oferecer treinamento conforme a ética da empresa para toda a equipe	Limitar o treinamento a alguns colaboradores
Divulgar o código ético da empresa para os consumidores	Acreditar que os colaboradores sempre irão aplicar os princípios

Uma visão ampla

Empresas que fazem negócios fora de suas fronteiras nacionais encontram sistemas diferentes, o que pode gerar conflito entre o código de ética corporativo e as leis e os costumes locais. Por outro lado, algumas práticas tidas como ilegais no país de origem podem ser legais em outro, o que também abre espaço para a discussão sobre o que é certo e errado.

DICA

O QUE DIZ A LEI

Antes de oferecer qualquer tipo de presente a um parceiro de negócios, consulte a lei. O suborno quase sempre viola as regras, e as sanções podem ser graves.

Dilemas possíveis

Em um ambiente global, o que fazer quando as normas éticas da sua empresa estão em desacordo com algumas questões culturais? Em alguns países do Oriente Médio, por exemplo, o espaço corporativo restringe-se aos homens, e algumas empresas podem se recusar a negociar com mulheres. É certo alocar apenas profissionais do sexo masculino para cuidar das negociações com esses clientes? A escolha não constitui uma forma de discriminação?

Diferenças culturais

Em alguns países, subornar funcionários para obter autorizações é uma prática comum – e às vezes é quase impossível fazer negócios sem esse recurso. Por isso, a corrupção constitui uma questão controversa nas discussões sobre postura ética. A legalidade de uma propina depende do país onde a empresa está baseada. Se o caso envolve um executivo norte-americano, por exemplo, trata-se de um crime, embora em vários países europeus o suborno possa até ser tributado. É preciso tomar cuidado com presentes, interpretados como uma forma de propina em alguns países. Em outros, a troca de presentes faz parte do relaciomento comercial.

Preço e qualidade

A incerteza rodeia a discussão ética sobre a manipulação dos preços de produtos e serviços de acordo com cada mercado.

A fixação de preços, nome que se dá à padronização deliberada de preços de bens ou serviços, não é permitida em muitos países. Mas as empresas multinacionais podem operar em territórios onde a prática não é considerada ilegal e onde a tentação de elevar e equiparar os preços aos dos concorrentes é alta – sobretudo se os demais agirem assim. A discriminação ocorre quando uma empresa cobra valores inflacionados de certos clientes, como os situados em outros países, ou quando derruba os preços dos produtos com a intenção de expulsar os concorrentes do mercado.

As organizações globais também enfrentam dilemas éticos quando se trata de segurança. Alguns produtos são ilegais em certos países porque infringem normas rígidas. Mas é ético vender os produtos para destinos onde a rigidez é menor? Alguns pesticidas de baixo custo que têm efeitos nocivos, por exemplo, são proibidos em diversos países desenvolvidos, mas considerados legais em várias nações em desenvolvimento.

Como dar um presente

Capítulo 2

O que é uma questão ética?

Ninguém administra aquilo que não entende. Conhecer a natureza dos riscos éticos e identificar os que podem atingir sua empresa são requisitos fundamentais para o sucesso de qualquer política de gestão ética.

Atenção ao que acontece

O ambiente empresarial é caracterizado pela mudança, e uma nova decisão em uma organização ou um acontecimento em um setor bastam para mudar o panorama. A primeira etapa da tomada de decisões éticas envolve a capacidade de antecipar e identificar uma questão delicada.

Difusão dos valores

É difícil classificar uma questão ética, pois valores como justiça e verdade estão sujeitos a interpretações pessoais. Por isso, a compreensão do que esses conceitos significam dentro do contexto de uma organização é essencial para sustentar a tomada de decisões éticas. De que modo esses valores se revelam em situações específicas – como comportamento abusivo, conflitos de interesses, corrupção, discriminação, assédio sexual, fraude, má conduta ambiental, direitos de propriedade intelectual e questões de privacidade – é o assunto deste capítulo.

Como enfrentar

Questões éticas surgem quando há choque de valores. Os conflitos ocorrem em vários níveis: entre os valores organizacionais e pessoais; entre os valores e os objetivos da empresa ou entre as expectativas da sociedade, do setor e da lei.

O conflito é quase certo se os indivíduos de uma organização não partilham preocupações com a ética nem têm objetivos comuns. Não se pode esperar que os colaboradores sigam uma boa ética organizacional baseando-se apenas em seus valores pessoais. É crucial contar com um senso partilhado de intensidade ética – termo que designa a importância de uma questão ética aos olhos das pessoas, grupos de trabalho e/ou organizações. Essa intensidade recebe influência dos valores e necessidades das pessoas envolvidas, das características da situação e das pressões pessoais que acompanham a decisão. A percepção compartilhada da intensidade ética exige a compreensão da cultura organizacional, das exigências regulamentares e das normas do setor. Essa combinação pode ser complexa; por isso a importância da orientação e da experiência. Executivos e equipes de funcionários devem ter condições de reconhecer os primeiros sinais de uma postura inadequada e reagir a eles. Além disso, um sistema estruturado de comunicação e um canal aberto com os superiores podem ajudar a alertar para o problema.

Sinais de alerta para os conflitos éticos

Sem temor

Como líder, você tem a responsabilidade de detectar e avaliar as atividades com maior probabilidade de risco para sua empresa. Muitas organizações permanecem atentas ao risco de catástrofes, como incêndio, inundação, falta de energia ou perda de dados, mas as possibilidades associadas à falta de ética costumam ser ignoradas.

Para muitos dirigentes, o temor de descobrir falhas éticas em sua empresa é paralisante, por isso optam por ocultar o problema quando ele ocorre. Acham que os concorrentes ou outras pessoas podem usar as informações para prejudicar a reputação do negócio. Preferem acreditar que, se a atitude não for descoberta, não haverá consequências, o que é um equívoco.

É muito importante identificar os problemas éticos o quanto antes. Ainda que a empresa esteja preparada, é comum surgirem dilemas ou questões que levam ao debate sobre a melhor decisão. Por isso, pode ser preciso contar com um plano para se recuperar depois que a situação passar.

DICA

SEM DEMORA

Adote uma postura transparente e aberta ao lidar com as questões éticas. Se identificadas no início, a maioria delas não resulta em crise.

PARA PENSAR... A IMPORTÂNCIA DA REPUTAÇÃO

No ambiente empresarial atual a reputação tem mais importância do que nunca, por causa da velocidade de circulação das notícias e dos danos que podem ser causados à imagem de uma organização em caso de uma postura inadequada. Por isso, muitas preferem zelar pela forma como são percebidas pela sociedade. Essa atribuição é chamada de gestão da imagem e leva em conta três fatores: identidade, imagem e desempenho. A identidade é a forma como uma organização é vista pelos acionistas – todas querem parecer confiáveis e valiosas, por exemplo. Já a imagem é a impressão que os investidores têm das empresas e suas iniciativas. Finalmente, o desempenho envolve o cumprimento ou não dos objetivos esperados pelos investidores e pela própria empresa. Quem pretende estabelecer uma reputação positiva precisa se esforçar para reduzir as possíveis lacunas existentes entre os objetivos, a identidade e a imagem.

Práticas antiéticas mais comuns nas empresas

- Colocação dos interesses pessoais acima dos interesses da empresa
- Discriminação por causa de etnia, cor, sexo, idade ou outros fatores
- Aumento no informe das horas trabalhadas
- Uso de informações confidenciais
- Alteração dos dados financeiros
- Uso inadequado da internet
- Roubo
- Oferta de propina
- Intimidação ou comportamento abusivo em relação aos colaboradores
- Colocação de produtos ou serviços de baixa qualidade no mercado
- Uso de informações da concorrência
- Desrespeito ao meio ambiente
- Adulteração de documentos
- Mentir aos acionistas
- Violação da segurança
- Assédio sexual
- Mentir aos colaboradores

Conflitos de interesse

Em qualquer empresa, profissionais que ocupam cargos de confiança podem enfrentar situações nas quais a objetividade entra em conflito com interesses pessoais ou éticos. Quando isso ocorre, é grande o risco de acontecer um problema ético. Uma boa política ética inclui medidas para evitar ou reduzir o surgimento de conflitos de interesse.

DICA

MÉRITOS CORRETOS

Recompense colaboradores com base em valores claros e evite favorecer familiares e amigos. Se atua em uma empresa pequena, pense no impacto das medidas caso você decida procurar investidores. Sendo assim, o envolvimento com familiares será visto de outra forma.

Regras do jogo

De acordo com o Ethics Resource Center, os conflitos de interesse correspondem a 18% dos casos de conduta inadequada, o que reflete a dificuldade em manter interesses pessoais longe da responsabilidade profissional. Quem atua em uma empresa deve agir de forma objetiva e evitar qualquer forma de favoritismo. Se achar que esse julgamento objetivo corre risco, procure a avaliação de uma pessoa isenta.

Conflitos de interesse entre diretores podem ter efeitos sérios. Quem atua no conselho, por exemplo, tem informações privilegiadas sobre o mercado que podem interessar a pessoas de fora da empresa, e acesso a projetos de investimento – sem contar aqueles que participam do conselho de várias empresas. Para alguns, a tentação de deixar de lado os deveres de gestor em troca de ganhos pessoais pode ser grande.

No início do século 21, após a divulgação de vários escândalos, como a fraude envolvendo a gigante norte-americana das telecomunicações WorldCom, foi criada nos Estados Unidos uma lei que regulamenta os conflitos de interesse. Chamada de Sarbanes-Oxley Act, entrou em vigor em 2002 e estabelece regras para a atuação de empresas de capital aberto e firmas de auditoria e consultoria. A norma aumenta a responsabilidade dos executivos, que passam a ter de responder sobre ações de má-fé.

A nova lei americana

A lei Sarbanes-Oxley Act ajuda a evitar o conflito de interesses, aumenta a confiança do investidor e garante que uma empresa gere dados financeiros mais precisos. Algumas das determinações são:

- Criação de um conselho de supervisão contábil, que deve zelar pela implantação das normas dos órgãos reguladores do governo e prestar contas.
- Os diretores executivos (CEO e CFO) tornam-se responsáveis pela veracidade dos dados divulgados.
- As organizações são proibidas de fazer ou oferecer empréstimos a funcionários ou a integrantes do conselho gestor.
- Adoção de um código de ética para os executivos de finanças.
- Firmas de contabilidade ficam proibidas de fazer auditoria e prestar serviços de consultoria a uma mesma empresa.
- Os advogados das organizações ficam obrigados a relatar a má conduta ética aos executivos sêniores e, se for preciso, ao conselho. Se os dirigentes não se manifestarem, o advogado deve deixar de representar a empresa.
- Adoção de práticas de proteção a quem denunciar atos fraudulentos às autoridades.
- Analistas terão de comprovar que as recomendações que fazem são baseadas em relatórios objetivos.
- As empresas de auditoria ficam obrigadas a alternar os profissionais responsáveis por uma empresa em períodos regulares. Dois auditores sêniores não podem se incumbir das finanças de uma empresa por mais de cinco anos, por exemplo.
- Os auditores devem ser profissionais independentes, sem interesses materiais na empresa.

Embora o Sarbanes-Oxley Act apresente regras para a atuação ética das empresas, há quem discorde de sua eficácia. Para alguns, a rigidez das exigências leva as empresas a pensar duas vezes antes de colocar suas ações no mercado norte-americano.

COMO... EVITAR CONFLITOS DE INTERESSE

Elimine as fontes de conflito antes que o problema se instale.

Recuse-se a participar de decisões que envolvem esse tipo de conflito.

Não esconda os conflitos do conselho gestor da empresa e do público.

Recorra a terceiros para garantir uma decisão justa e imparcial.

Comportamento abusivo

O comportamento abusivo está entre os problemas éticos mais comuns nas empresas. O *bullying* é um tipo de intimidação que pode causar sérios problemas na vida e na produtividade de um profissional. Muitas pessoas acreditam que não podem fazer nada para se defender, porque o abuso pode vir de indivíduos que ocupam posições superiores.

DICA

COMPROMISSO ABSOLUTO

Ao enfrentar uma situação de abuso, mantenha a calma e a determinação. Alguns profissionais tendem a deixar o caso em segredo porque, além de difícil de provar, a ocorrência pode trazer consequências para a empresa toda.

É mesmo um abuso?

Um comportamento pode ser interpretado como abusivo dependendo da visão de cada pessoa. Entre as atitudes consideradas intoleráveis estão a ameaça física, as falsas acusações, os insultos, a agressão verbal e o isolamento. No ambiente corporativo moderno é comum a convivência de grupos culturais distintos, e a percepção do que é ou não aceitável tende a mudar de acordo com as crenças e a faixa etária das pessoas. Um aspecto essencial ao avaliar um potencial caso de abuso é a intenção – o alegado autor do abuso queria prejudicar a outra parte ou o que houve foi um problema de comunicação?

Como lidar com o problema?

No passado, era comum os funcionários de uma empresa se recusarem a denunciar um abuso por medo das consequências, como a perda do emprego. No entanto, muitas organizações hoje oferecem canais seguros para esse tipo de reclamação, como caixas de sugestão ou um serviço telefônico para denúncias anônimas. Um profissional que se sente atingido por uma situação que o constrange ou que de fato constitui abuso de poder só irá relatar o fato caso se sinta em condições seguras para isso.

Agressão e bullying

Bullying é um tipo de comportamento abusivo que envolve ameaça, perseguição, isolamento, agressões verbais ou críticas demasiadamente exageradas a uma pessoa ou a um grupo. O comportamento pode incluir elementos como gestos verbais e não verbais, manipulação ou intimidações que prejudicam a produtividade no local de trabalho. Em geral, a origem da prática é o desejo do ofensor de ocultar ou desviar a própria incompetência, que passa a ser projetada para as vítimas.

Trata-se de um comportamento constante e que muitas vezes resulta em graves danos psicológicos à vítima e no mau desempenho da equipe. Sinais que podem revelar a ocorrência da prática em um ambiente de trabalho são a alta rotatividade de pessoas, o número de faltas acima da média, os elevados níveis de estresse e a disseminação do mesmo comportamento em outros níveis. Em uma empresa, iniciativas como forçar um funcionário a concordar com termos que ele não julga razoáveis ou impor controles invasivos, como o monitoramento de e-mails e conversas telefônicas, são consideradas abusivas. Em relação aos fornecedores, uma postura intimidadora ou exigências irreais também denunciam a postura abusiva de uma empresa.

DICA

ALÉM DA SUPERFÍCIE

Se você receber uma denúncia de assédio moral, nunca deixe de investigar a fundo. Profissionais mais graduados podem tentar encobrir os fatos para proteger a própria reputação.

PERGUNTE-SE... É UM CASO DE ABUSO?

- A pessoa envolvida espalha rumores para prejudicar a reputação dos outros?
- Costuma fazer uso de sua autoridade para conseguir vantagens?
- Como recebe as ideias e opiniões dos outros?
- Como costuma se comunicar ou atender às demandas de outras pessoas?
- Tem o hábito de gritar ou insultar os colegas?
- Já aconteceu de assumir o crédito por ideias alheias?

Sem discriminação

No Brasil, a discriminação com base em etnia, religião, sexo, orientação sexual, deficiência, idade ou origem nacional é crime, mas o tema continua controverso, especialmente no contexto da migração em massa ocorrida no século 21. O melhor modo de evitar uma postura discriminatória é pelo incentivo ao conhecimento e promoção da diversidade, que em geral surtem efeitos melhores do que a dependência dos tribunais.

O que é discriminação?

Dar a uma pessoa tratamento pior do que a outra por causa de sua cor, etnia, sexo, idade, filiação política ou outros atributos é considerado uma discriminação direta. A discriminação indireta ocorre quando na aparência todos são tratados igualmente, mas de uma maneira que envolve injustiça a um grupo específico de pessoas. Por exemplo a inexistência de acessos para cadeiras de rodas em escritórios exclui os portadores de necessidades especiais de um determinado local de trabalho. Em muitos países a discriminação é crime, mesmo sem haver intenção.

DICA

ASPECTOS RELIGIOSOS

Evite o perigo de discriminação religiosa mantendo um calendário com as principais datas guardadas pelas várias crenças e não agende reuniões importantes nesses períodos.

O que diz a lei

A maioria das ações judiciais movidas por funcionários contra seus empregadores envolve alguma forma de discriminação. Só que apenas a lei não tem se mostrado uma arma eficaz para conter o problema. Além de se tratar de uma situação na qual as provas são difíceis, quem move a ação tem medo de acabar sem emprego e com más referências no mercado. Os estudiosos creem que décadas de brigas judiciais por casos de discriminação contribuíram muito pouco em termos da consciência da diversidade.

Respeito à diferença

Talvez o melhor meio de combater os riscos éticos associados à discriminação seja a gestão ativa da diversidade. Muitas empresas estão implantando programas de contratação de viés afirmativo, que estimulam o recrutamento de trabalhadores de origens variadas. Uma das consequências é que os colaboradores têm uma melhor compreensão das necessidades de um mercado cada vez mais diversificado. Muitos desses programas exercem efeito positivo não só na gestão ética, mas no desempenho da empresa.

COMO... EVITAR A DISCRIMINAÇÃO

Elabore uma política contra a discriminação e deixe-a bem clara para todos os colaboradores.

↓

Ofereça treinamento e estimule a diversidade e o conhecimento.

↓

Crie mecanismos para que eventuais casos de discriminação possam ser relatados.

↓

Trate com seriedade qualquer denúncia de discriminação e não aja de forma superficial ou parcial na hora de investigar um colaborador.

↓

Mantenha registros escritos de todo o processo de investigação.

↓

Não condene quem procura ajuda em instâncias externas.

Relações pessoais

Relações inadequadas no ambiente de trabalho não raro representam riscos éticos. No extremo, os casos de assédio sexual* resultam em despesas com processos judiciais e prejuízos para a reputação, mas há também os riscos associados às relações consensuais capazes de afetar o julgamento profissional.

O que caracteriza o assédio

***Assédio sexual** – *comportamento no qual um dos envolvidos comete investidas sexuais por meio da intimidação.*

O assédio sexual ocorre quando há uma aproximação física indesejável ou a recorrência de comentários desagradávies ou sexistas dirigidos a outra pessoa. A abordagem pode ser verbal e direta, mas também existem formas indiretas, como o uso de gestos. Dependendo do contexto, uma pessoa pode se sentir assediada e recorrer à ação judicial. Embora trate-se de uma situação difícil de precisar e provar, existem três condições que em geral caracterizam o delito:

• As iniciativas são intensas e repetidas. Uma investida isolada não costuma ser tratada como assédio.

• A vítima sofre algum tipo de impacto negativo no trabalho, como deixar de ganhar uma promoção ou receber uma avaliação ruim após se posicionar contra as investidas. O assédio é caracterizado mesmo quando não ocorre uma perda econômica,

PARA PENSAR... AMOR E TRABALHO

Não é desejável nem possível interferir nos relacionamentos entre colegas de trabalho, mas é preciso estar ciente dos riscos éticos dessas situações. Não é antiético que duas pessoas com relacionamento afetivo tenham contato profissional, mas o vínculo pode suscitar conflitos de interesse e levantar suspeitas de favoritismo. Se um superior se relaciona com uma subordinada, por exemplo, deve transferir a responsabilidade pelas avaliações de desempenho a outra pessoa. Executivos mais graduados devem informar os superiores caso comecem um relacionamento afetivo dentro da empresa, a fim de evitar problemas.

como a constatação de que a abordagem mal-intencionada prejudicou o cumprimento das atribuições profissionais da vítima.
• A conduta envolve iniciativas que qualquer pessoa consideraria ofensivas.

Hora de agir

Muitos países têm leis que tratam de assédio sexual. Profissionais que atuam em empresas precisam conhecer a legislação, entender o que qualifica o delito e quais as consequências, para poder identificar um caso no início ou tomar as medidas preventivas adequadas. No mínimo, você deve assegurar que os colaboradores saibam o que é considerado assédio. Outro recurso é contar com um integrante da equipe sênior para atuar como interlocutor para quem tem preocupações ou quiser esclarecimentos.

DICA

TREINAMENTO IMPORTANTE

Avalie a possibilidade de criar um programa de esclarecimento sobre o assédio. A medida pode incluir exemplos do que constitui assédio sexual, apontar os procedimentos para reclamações e esclarecer as sanções.

O QUE FAZER EM CASO DE ASSÉDIO SEXUAL

PISTA CERTA	CONTRAMÃO
Esclarecer ao transgressor o que é ofensivo em sua conduta	Sentir-se culpado ou constrangido com o comportamento do outro
Deixar claro que a conduta de assédio é inadequada	Ignorar o delito
Informar o superior imediato sobre o que está acontecendo	Tentar solucionar a situação sem recorrer a ninguém
Manter um registro detalhado dos acontecimentos	Ignorar as orientações da empresa para esses casos

O valor da individualidade

Cada vez mais as organizações se esforçam para reunir informações pessoais sobre seus clientes a fim de entender o mercado. Mas é importante que esses dados sejam gerenciados com cuidado, para proteger a privacidade das pessoas e também preservar um conjunto de informações potencialmente úteis para o benefício da empresa.

Dados pessoais

***Inteligência corporativa** – *dados recolhidos por uma organização com o objetivo de monitorar as mudanças e identificar novas oportunidades. Pode incluir dados sobre clientes ou mercados.*

Nas grandes empresas globais, a privacidade é uma preocupação séria e talvez um dos aspectos mais difíceis de gerir. As organizações utilizam a tecnologia para coletar informações sobre os clientes e manter imensas bases de dados de inteligência corporativa*. Quem vende produtos pela internet, por exemplo, consegue reunir dados como números de cartão de crédito, documentos de identificação e outras informações pessoais. Alguns sites seguem as compras ou pesquisas de um cliente e existem empresas com tecnologia para rastrear a localização geográfica dos consumidores.

O que está em jogo

***Roubo de identidade** – *uso de dados de outra pessoa para obter ganhos financeiros ou cometer fraudes.*

A disponibilidade de informação levanta uma série de questões éticas e os consumidores estão cada vez mais preocupados com a segurança dos seus dados. Pode-se recolher dados na internet, com ou sem o conhecimento de uma pessoa, e a web facilitou o compartilhamento e a venda de dados de terceiros pelas empresas. Pior ainda, a transmissão de informações pessoais on-line permite que hackers tenham acesso aos dados do consumidor, que ficam assim expostos ao roubo de identidade* – um crime que já causou prejuízos estimados em bilhões de dólares.

Passos corretos

Já foram criadas leis para proteger a privacidade dos indivíduos no que se refere aos dados pessoais. A Comissão Europeia de Proteção de Dados exige que as empresas que coletam informações definam o uso desses dados e contem sempre com a permissão dos indivíduos. Nos Estados Unidos não vigora nenhuma lei geral e cada segmento tende a adotar normas próprias para a proteção dos dados. Um grande número de organizações tomou a iniciativa de criar programas de respeito à individualidade, e algumas divulgam suas políticas aos consumidores.

Definição de normas

Avalie a maneira como sua empresa lida com os dados dos clientes e, se necessário, tome algumas medidas para garantir que essas informações sejam geridas de forma responsável. Atualmente, nos Estados Unidos, algumas organizações sem fins lucrativos conferem e atestam as práticas de uso de informações das grandes empresas e fornecem um "selo" que comprova a adoção de padrões específicos de proteção.

COMO... LIDAR COM DADOS PARTICULARES

Garanta o apoio dos superiores.
↓
Indique um gestor para o projeto.
↓
Determine de forma precisa os motivos para reunir, usar ou distribuir os dados.
↓
Avalie o que a empresa já reuniu.
↓
Revise os métodos adotados pela empresa para coletar informações.
↓
Registre os motivos para a coleta dos dados e as autorizações.
↓
Indique um responsável pelos dados.
↓
Crie uma política de privacidade.
↓
Treine a equipe para proteger os dados.
↓
Certifique-se da segurança dos dados.
↓
Verifique se os parceiros e vendedores observam as leis de proteção de dados.

Como proteger sua empresa

Você também precisa proteger as informações corporativas, que podem funcionar como uma vantagem competitiva no seu setor. Com o crescimento da tecnologia da internet e das redes, o sigilo comercial está mais ameaçado. Não raro, hackers invadem sistemas de empresas para acessar segredos comerciais e usá-los em benefício próprio, ou recorrem a uma técnica chamada engenharia social, criando truques para descobrir senhas. Existem até os "especialistas", que reúnem tantos dados pessoais de uma pessoa a ponto de conseguir "adivinhar" sua senha.

As empresas precisam tomar as providências para garantir que os dados acumulados estejam seguros. Existem cinco medidas principais para ajudar a proteger as informações corporativas e preservar os segredos da sua organização.

5 RESPONSABILIDADE CONSCIENTE

Reforce que cada profissional é responsável por sua parte e que as violações ao código de proteção da confidencialidade são consideradas um delito grave.

4 COMUNICAÇÃO DAS ATRIBUIÇÕES

Partilhe as informações do código de proteção de dados com os funcionários e deixe claro quem são os reponsáveis por cada atribuição.

Cinco medidas para proteger a inteligência de sua empresa

1 CÁLCULO DOS RISCOS

Pergunte-se se a coleta de dados é fundamental para a atividade da sua organização. A perda dos dados, ainda que por curto prazo, poderia prejudicar suas operações? A informação recolhida é segmentada ou geral?

2 PROCEDIMENTOS

Adote políticas para definir os procedimentos em caso de falhas do sistema ou violações da segurança. Crie um acordo de confidencialidade para ser assinado por todos os colaboradores, deixando claro o que é uso inadequado e quais as consequências.

3 CONTROLE DE ACESSO

Crie sistemas para restringir o acesso físico ou eletrônico a informações confidenciais, como senhas. Não guarde documentos importantes que não precisam mais permanecer arquivados.

Atitudes desonestas

Qualquer forma de mentira ou desonestidade – prestação de informações falsas em registros financeiros da empresa, comportamento desonesto, furto por funcionários ou propaganda enganosa – em geral causa sérios danos à imagem de uma organização. Ainda que a empresa não seja processada por suas ações, a reputação pode ser destruída se as pessoas se convencerem de que ela é adepta de práticas desonestas.

***Fraude** – *qualquer declaração falsa ou comunicação que manipula ou esconde fatos para prejudicar outras pessoas.*

Perigo constante

Há quem acredite que o comportamento fraudulento se acentua em tempos de retração econômica. Mas, mesmo nos períodos de abundância, é importante saber com precisão o que constitui uma atitude fraudulenta e desonesta, o que fazer para proteger sua empresa e como evitar a participação em quaisquer atividades que possam ser caracterizadas como fraudes*.

DICA

SEMPRE ALERTA

Consulte sempre a veracidade e a origem dos documentos e alerte os superiores sobre posturas inadequadas.

O que é uma fraude financeira?

As fraudes na contabilidade e nas finanças podem destruir uma organização. Em geral, trata-se da prestação de informações incorretas nos balanços, que contêm os principais dados sobre a saúde financeira de uma empresa – informações usadas para nortear as decisões dos investidores, por exemplo. A divulgação de dados incorretos nos relatórios financeiros pode levar a processos judiciais e acusações criminais, mesmo quando os erros não forem intencionais. As fraudes contábeis ocuparam as manchetes no início do século 21, e por isso muitos países criaram leis para coibir a prática. No entanto, existe uma série de estratégias básicas que você pode adotar para minimizar o risco de ver seu negócio envolvido em um escândalo financeiro:

• Escolha diretores com experiência financeira condizente com o porte da sua empresa.
• Reprove qualquer sinal de desonestidade para criar uma cultura de intolerância a todo tipo de fraude.
• Evite pressões que possam estimular a fraude, como estabelecer metas de venda acima do razoável.
• Implemente uma política antifraude que determine os padrões de comportamento e estimule os colaboradores a observar esse código.
• Ofereça treinamento para todos os funcionários a fim de esclarecer o que pode constituir ou desencadear uma fraude.
• Faça auditorias internas regulares.

Colaboradores que roubam

Todo gestor deve estar atento para uma eventual postura desonesta ou fraudulenta dos funcionários. São exemplos dessa conduta o roubo de dinheiro ou de produtos, a apropriação de materiais de escritório, a manipulação das contas de despesas e a reivindicação de horas extras não trabalhadas, entre outros.

O roubo por funcionários é um problema grave e chega a consumir bilhões das empresas a cada ano, podendo até levá-la à falência. Estudos mostram que 79% das pessoas roubam ou são tentadas a roubar de seus empregadores. Os artigos podem variar de algo tão pequeno como um clipe de papel até itens mais valiosos, como programas de computador. Às vezes, há quem se aproprie de materiais protegidos por direitos autorais e tente passá-los como sendo de sua criação.

A tentação de cometer o roubo ocorre em todos os níveis. Embora executivos mais graduados pareçam menos propensos a furtar objetos, vale lembrar que eles têm acesso a aspectos valiosos, como informações, e por isso podem causar danos sérios à organização. Raramente os furtos ocorrem em decorrência de necessidades materiais: em geral, eles derivam do desejo de transgredir ou por mera ganância.

COMO... REDUZIR RISCOS DE ROUBO

Atente para colaboradores com antecedentes de roubo.

↓

Cheque as prestações de contas e os itens passíveis de roubo.

↓

Estimule as pessoas a revelar roubos que tenham visto.

↓

Em casos sérios, instale um sistema de câmeras.

Ética nas vendas

Marketing é o processo de criação, distribuição, promoção e venda dos produtos, e podem ocorrer fraudes quando os instrumentos usados, como a publicidade, forem falsos ou enganosos. Quando isso ocorre (mesmo que sem intenção) o problema é considerado grave, porque tem o poder de destruir a confiança dos clientes em uma empresa.

Propaganda enganosa

Algumas das práticas desonestas de venda incluem o fornecimento de dados incorretos sobre o item ou a informação errada sobre o produto de concorrentes, por isso é muito importante ter certeza do que será veiculado antes de planejar a estratégia de marketing. Os fatores que tornam um anúncio fraudulento – ou capaz de ser considerado como tal se levado à justiça – nem sempre são objetivos. Algumas campanhas podem trazer uma dose de exagero que nenhum comprador razoável levaria a sério, como afirmar que um produto ou serviço "é o melhor do mundo". Mas os consumidores atuais estão cada vez mais atentos e não se impressionam com recursos como rótulos que garantem procedência "natural" ou "orgânica" sem uma comprovação mais concreta. No Brasil, o Código de Defesa do Consumidor define o que é considerado uma propaganda enganosa.

Tipos de fraude

Existem dois tipos principais de fraude publicitária: a falsidade implícita e, literalmente, a falsa publicidade, ou propaganda enganosa. A primeira ocorre quando um anúncio confunde ou engana o consumidor, fazendo afirmações parcialmente verdadeiras mas que podem induzi-lo a um erro. Um exemplo é o caso da empresa acusada de fraude após anunciar "suéteres de caxemira". As peças, no entanto, eram parcialmente feitas com o material divulgado, ou seja, usavam uma caxemira reciclada. A fabricante admitiu que o rótulo estava errado, porque induzia o consumidor a uma conclusão incorreta, e assumiu a culpa apenas por falsidade implícita.

Uma acusação de falsidade implícita precisa de qualificação para não ser considerada enganosa. A propaganda enganosa, ou falsa publicidade, divide-se em duas categorias:

- Quando o anúncio cita um estudo falso ou inexistente para embasar suas afirmações.
- Quando uma campanha faz afirmações ou promessas que não podem ser comprovadas.

Se uma empresa comercializa um produto como sendo "melhor" do que o de uma concorrente, por exemplo, está recorrendo a uma afirmação complicada. Em geral, o cliente tem poucos elementos para comprovar a superioridade de um item sobre o outro, porque as pessoas têm ideias diferentes do que é "melhor".

PARA PENSAR... O OUTRO LADO

As empresas precisam estar atentas à postura do consumidor, também sujeito a atitudes desonestas para obter benefícios pessoais. Esse comportamento, que pode causar prejuízos para a organização, assume diversas formas:

- Furtos nas lojas;
- Troca das etiquetas com os preços dos produtos;
- Informações falsas (como a idade) a fim de obter um desconto;
- Ação combinada com um funcionário para obter algum benefício (como conseguir um desconto maior por ser amigo);
- Troca de itens usados "que não serviram" por um produto novo;
- Obtenção de descontos indevidos após "negociação" com o caixa.

Clientes desonestos normalmente sabem a diferença entre o certo e o errado, mas recorrem a truques para enganar uma empresa.

E o meio ambiente?

Produtos "verdes" e negócios "sustentáveis" são termos presentes em toda parte, mas, antes de atribuir essas características à sua empresa ou aos seus produtos, certifique-se de que são consistentes. Cada vez mais os consumidores desaprovam a propaganda enganosa ou *greenwashing**.

****Greenwashing** – ou "lavagem verde" é a falsa atribuição de características ecológicas ou sustentáveis a um produto ou serviço.*

Preocupação ecológica

Hoje em dia, produtos ecologicamente corretos são mais valorizados do que nunca. Só nos Estados Unidos, os consumidores gastam mais de US$25 bilhões por ano em itens vendidos com credenciais naturais ou orgânicas. Porém, como "ser verde" está na moda e ajuda a vender, muitas empresas tentam obter vantagens sem adotar ações ambientalmente saudáveis. Divulgar falsa postura de sustentabilidade é considerado antiético e perigoso, pois os consumidores têm mais consciência em relação a esses atributos e não costumam perdoar aqueles que mentem.

PERGUNTE-SE... MINHA EMPRESA MENTE?

- Ao divulgar um produto ou serviço, sua empresa ressalta os benefícios ambientais de um aspecto mas oculta os impactos negativos de outros?
- Existem dados concretos para embasar as afirmações?
- As afirmações correspondem à realidade?
- O compromisso com a sustentabilidade se aplica a todos os produtos de uma categoria?
- Algum produto ou serviço anuncia como vantagem um atributo que na verdade é exigido pela lei?
- Existem tentativas de atribuir caráter verde para uma categoria ou setor que exerce impacto negativo?

Risco zero

Ao afirmar que seu produto ou serviço é "verde", "ecológico", "sustentável" ou "amigo da natureza", avalie antes se esses atributos de fato se aplicam ao caso. Cuidado ao usar palavras sem uma definição clara: "eco", "natural", "biodegradável" e "reciclável" são termos comuns e conhecidos, mas que podem frustrar os consumidores se essas propriedades não existirem.

Hoje os clientes são informados e querem um compromisso real com a sustentabilidade; por isso evite afirmar algo que não seja verdadeiro. Se você quer se posicionar como uma empresa verde, informe-se sobre o que é preciso ser feito (regras do setor, certificação de entidades isentas ou até mudança no seu sistema de atuação) e proteja a sua empresa de acusações de *greenwash*.

Busca de padrões

Na tentativa de reduzir os riscos de "falsa propaganda ecológica" e reforçar a confiança dos consumidores nas afirmações feitas pelas empresas em seus rótulos e materiais de marketing, algumas organizações criaram certificações para validar a condição de "amigo da natureza" exibida pelas empresas. Uma dessas entidades é o Carbon Trust, do Reino Unido, que trabalha para ajudar as empresas a reduzir as emissões de carbono. O Carbon Trust desenvolveu um "padrão verde" aplicável a quem provar que reduziu as emissões de gases do efeito estufa. Para conseguir o aval da instituição, as organizações precisam cumprir as metas estabelecidas e se comprometer a continuar com as reduções durante um perído de vários anos.

Capítulo 3

Como implementar programas éticos

Para criar e gerir um programa de ética eficiente, você deve compreender os fatores que influenciam as decisões em sua organização. O passo seguinte consiste em reunir os princípios e valores em um código de conduta viável.

Avaliação do contexto

Como são tomadas as decisões éticas na sua empresa? Quais fatores e pessoas exercem influência nos resultados? Os processos podem ser aperfeiçoados? Responder a essas perguntas ajuda a definir uma estrutura consistente para o processo de tomada de decisões éticas.

Tomada de decisões

Todas as decisões éticas tomadas em uma empresa são influenciadas pelas necessidades e expectativas das partes interessadas, pela cultura corporativa e pelos valores das pessoas que atuam na organização.

Os acionistas, assim como os colaboradores, fornecedores e mídia, possuem uma ampla gama de interesses, preocupações e impactos potenciais. É essencial identificar esses fatores e avaliar a importância de cada um para garantir que o processo decisório leve em conta todos esses aspectos.

Cultura e valores

A cultura organizacional consiste em valores, normas e posturas partilhados pelos integrantes de determinada organização. Trata-se de uma compreensão coletiva sobre o que é esperado e aceito, e define a forma como são tomadas as decisões cotidianas. Na prática, a cultura interna pode contradizer os valores veiculados nas comunicações externas, como o site da empresa.

A maioria dos estudos sugere que os fatores organizacionais são fundamentais no ambiente de trabalho – as decisões éticas recebem mais influência da cultura interna e dos colegas, superiores e subordinados. Por esse raciocínio, os colaboradores têm mais chances de serem guiados pelas expectativas dos colegas de trabalho do que por seus valores pessoais, mas isso não significa que as crenças morais dos indivíduos possam ser ignoradas. Todo mundo tem uma percepção própria do que é certo e errado, uma visão que decorre de fatores como educação, nacionalidade, idade e sexo. E essa bagagem também se manifesta na hora de decidir.

A importância dos fatores varia de acordo com a profissão. Um engenheiro ambiental que atua sozinho em um projeto tem mais oportunidade de fazer um julgamento independente sobre o seu trabalho do que um varejista de alimentos ao decidir se quer ou não uma determinada marca de café – neste caso, é mais provável que a escolha seja feita por um comitê sujeito a normas.

As influências na hora de decidir

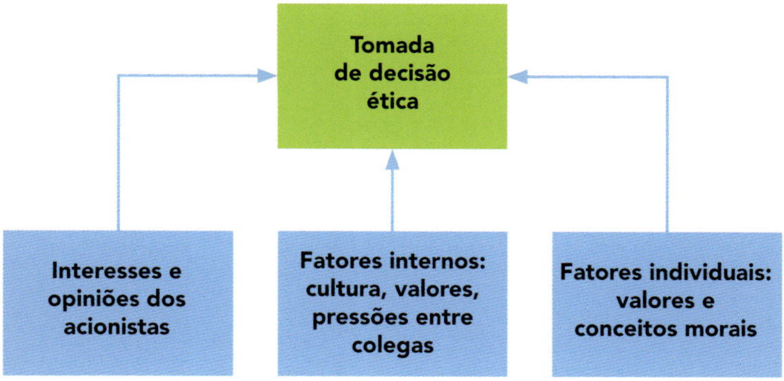

Código ético

Um programa consistente de ética deve tentar cultivar os valores partilhados em uma organização e assegurar que os colaboradores compreendam as normas e se comprometam a observá-las. Liderança forte, comunicação clara e formação são fatores que favorecem a implantação.

Quais os princípios e valores?

Antes de comunicar a intenção ética da organização ou de elaborar um código de conduta, é preciso esclarecer os princípios – determinações a longo prazo e que não podem ser comprometidas – e os valores da empresa. Começando com os princípios, estabeleça regras a serem respeitadas por todos os colaboradores. Um bom ponto de partida é rever a missão, os objetivos e os resultados anteriores. Avalie se esses aspectos são coerentes com os objetivos éticos e identifique os principais riscos éticos para o seu negócio.

DICA

SEM RODEIOS

Lembre-se de que a função de um código de ética não é existir "para inglês ver", mas ser útil para toda a equipe. Use uma linguagem acessível e divulgue as determinações de forma ampla.

? PERGUNTE-SE... QUAIS OS RISCOS ÉTICOS?

- Existem procedimentos operacionais que ajudam os funcionários a manter um comportamento ético?
- Os funcionários precisam quebrar regras da empresa para concluir um trabalho?
- A empresa adota alguma prática interna que criaria constrangimentos se fosse revelada?
- Algum dos produtos ou serviços é apresentado de uma forma que poderia gerar problemas de interpretação?
- As atividades da empresa levam em conta a preocupação em contribuir com a sociedade?
- As preocupações com o impacto ambiental observam apenas o que a lei obriga as empresas a respeitar?

As sete etapas de um programa ético eficiente

1 Avaliação dos riscos e determinação de padrões e de um código de conduta.

2 Supervisão para garantir a observância dos padrões (como a criação de um comitê de ética, por exemplo).

3 Cuidado para não atribuir tarefas de visibilidade a quem tem pouca propensão a observar as normas do código ético.

4 Oferta de programas de treinamento para disseminar as normas a todos os colaboradores.

5 Estabelecimento de sistemas para controlar a conduta e receber denúncias.

6 Definição de premiações e sanções claras e coerentes com o código de ética.

7 Revisão constante do sistema, com abertura para alterar aspectos que exigem aperfeiçoamento.

Apoio às iniciativas

A ferramenta mais eficaz na orientação e implantação de uma cultura ética organizacional é a liderança. Os líderes dão o tom de uma empresa e cabe a eles desenvolver os sistemas para lidar com as decisões. Também é de sua incumbência treinar e orientar os colaboradores sobre como lidar com conflitos, atribuir responsabilidades e garantir comunicação aberta para atender quem tiver dúvidas.

Outra forma de apoiar a promoção da ética é por meio de recompensas. De uma maneira bastante simples, as pessoas preferem adotar uma conduta que renda benefícios a assumir posturas que possam resultar em penalidades ou reprovação.

Líderes eficientes sabem elogiar, reconhecer méritos, recompensar (seja por meio de bônus, aumentos ou promoções) e atribuir maiores responsabilidades a fim de encorajar os funcionários a manterem um comportamento ético e desencorajar as violações às regras.

Nos últimos anos, até governos mostraram-se decididos a zelar pela observação da ética. Nos Estados Unidos, os destaques foram a criação da lei de governança Sarbanes-Oxley e a atualização do Federal Sentencing Guidelines for Organizations (FSGO), que estimula e orienta as empresas a adotarem programas éticos eficientes.

PARA PENSAR... QUEM TENDE MAIS A SEGUIR O CÓDIGO DE ÉTICA?

Em geral, a tentação de ignorar as condutas éticas é mais comum entre profissionais iniciantes ou em cargos médios, porque a segurança deles às vezes depende do cumprimento de prazos apertados e a meta direta é atingir objetivos imediatos. Quem ocupa cargos mais elevados, porém, tende a contar com mais segurança profissional e a avaliar melhor as consequências de suas decisões a longo prazo. Por isso, em geral observam mais a cultura ética do local em que trabalham.

Como elaborar um código ético

Após identificar com clareza os riscos éticos que sua empresa enfrenta e o que fazer para evitá-los, você pode começar a formular um código. Para se orientar, observe as seguintes linhas gerais:

- Certifique-se de que os gestores mais graduados apoiam o código e estão dispostos a exercer a liderança necessária para a implementação: a postura deles irá servir de exemplo para os demais colaboradores.
- Defina com clareza os princípios e valores que constituem o fundamento das regras.
- Valorize e respeite o código e zele pela sua clareza, mostrando isso aos colaboradores.
- Certifique-se de que todas as funções da empresa estão representadas no conjunto de normas.
- Discuta o que foi definido com um grupo diversificado de investidores e atente para as opiniões.

Com o código definido, informe as regras a toda a empresa. Crie programas de treinamento para familiarizar a equipe com a novidade e solucionar dúvidas. A liderança eficiente e os bons exemplos são cruciais para o sucesso da implementação.

DICA

CLAREZA E OBJETIVIDADE

O código de ética deve detalhar o que é exigido e o que é esperado, com exemplos dos dilemas mais comuns que a equipe pode enfrentar.

O papel do líder

Líderes eficientes sabem construir, preservar e corrigir os sistemas que apoiam a integridade no local de trabalho. Mas talvez a sua atribuição mais decisiva seja dar o exemplo. É preciso que tenham o conhecimento e a experiência necessários para tomar boas decisões e ajudar a criar uma cultura ética baseada em valores e posturas comuns a todos.

Posição de destaque

***Cultura corporativa** – *conjunto de valores, normas, posturas e sinais tangíveis que ajudam a definir a personalidade de uma empresa.*

É atribuição dos líderes guiar e orientar os colegas à concretização de um objetivo. Para isso, eles precisam ter poder e autoridade para motivar os demais e reforçar as regras e políticas da empresa, além dos próprios pontos de vista – o que os torna elemento essencial para a preservação da cultura corporativa* e dos valores éticos. As pessoas pensam no presidente da empresa como líder principal, mas os diretores e gestores de nível médio também podem exercer um papel importante.

O poder do exemplo

Ser um líder ético é mais do que redigir, organizar e apresentar um conjunto de normas. Por meio das atitudes de quem lidera é possível disseminar uma cultura corporativa que realmente zela pela ética e recompensar quem age de acordo com as determinações. Vale lembrar que essa postura estará presente em todos os aspectos de atuação da empresa – da imagem passada aos consumidores e avaliação dos investidores até a natureza dos produtos ou serviços oferecidos.

DICA

POSTURA RAZOÁVEL

Ao implantar um programa ético, é provável que você encontre grande número de transgressões. Seja compreensivo na hora de abordar a questão: as pessoas buscam apoio – e não censura.

O que é um líder ético?

A maioria dos líderes fortes e éticos partilha algumas características. Desenvolver esses atributos pode ser uma forma de ajudar na construção de uma cultura corporativa correta, de atuar para a satisfação dos colegas e de contribuir para o sucesso da empresa.

- Líderes éticos têm personalidade marcante. Adotam princípios consistentes, que permitem definir um trajeto com clareza e liderar os demais.
- Demonstram grande comprometimento em fazer as coisas da maneira correta – tanto no que envolve os clientes como os colaboradores. Não são infalíveis, claro, mas sempre apresentam intenções justas.
- Reconhecem que a postura ética é benéfica para o desempenho e não descuidam dos lucros.
- Sabem tomar iniciativas e não se limitam a seguir políticas, mas se dedicam a elaborá-las e implantá-las. Quando uma proposta pode gerar insatisfação, têm coragem para seguir em frente mesmo assim.
- Permanecem atentos aos interesses dos investidores. Conquistam a confiança dos gestores e sabem usar essa lealdade.
- São coerentes. A postura ética adotada na empresa pode ser encontrada em outros aspectos da vida.

Evolução e controle

Um programa ético bem-sucedido costuma trazer resultados mensuráveis e precisa ter a flexibilidade necessária para acomodar eventuais ajustes. A atribuição de acompanhar o programa em geral é de um gestor graduado ou um profissional destacado para cuidar do assunto.

Acompanhamento constante

É possível recorrer a uma série de instrumentos para avaliar e aferir o andamento do programa. Algumas possibilidades são as auditorias interna e externa, pesquisas, questionários para a equipe e sistemas de informe sem necessidade de identificação. Além disso há a comunicação aberta entre superiores e funcionários e entrevistas com os profissionais que deixam a empresa, por exemplo. Para garantir que o programa ético da sua empresa seja incorporado de forma consistente, é essencial avaliar quais aspectos funcionam e quais precisam ser aperfeiçoados.

Profissional exclusivo

Se possível, destaque um colaborador graduado para acompanhar o andamento do processo. O profissional escolhido deve conhecer bem os aspectos éticos da empresa, as determinações jurídicas e as regulamentações do setor. Organizações grandes e que atuam em áreas especialmente expostas a riscos éticos (como a indústria farmacêutica ou armamentista, por exemplo) costumam contar com um profissional dedicado exclusivamente às questões éticas.
Em alguns países, empresas acima de determinado porte são obrigadas por lei a contar com um programa de ética e a indicar um responsável por esses assuntos.

DICA

GANHOS CONCRETOS

A indicação de um profissional incumbido de zelar pela ética pode ajudar a fazer negócios. Algumas empresas preferem negociar com quem associa a preocupação ética a um nome de expressão na empresa.

Atribuições

Profissionais que se ocupam das questões éticas em uma empresa podem ter formação variada, como finanças, direito, tecnologia da informação e recursos humanos, desde que sejam capazes de zelar pela conduta ética, tanto na empresa como em relação à comunidade. As responsabilidades variam de uma organização para outra, mas em geral incluem:

- Avaliação dos riscos que o programa de ética precisa abranger.
- Desenvolvimento de um código de conduta e monitoramento constante.
- Coordenação de um programa de ética junto aos líderes de outros setores da empresa.
- Treinamento para colaboradores.
- Criação de canal de comunicação para orientar e solucionar dúvidas.
- Acompanhamento das regulamentações do governo para o setor de atuação da empresa.
- Observação da conduta ética e tomada de medidas em casos de violação das normas do código.
- Desenvolvimento, correção e disseminação do código ético.
- Monitoramento das alterações no ambiente de trabalho e no setor de atuação, para ajustar a postura da empresa, se preciso.

✔ PERGUNTE-SE... MEU PROGRAMA ÉTICO TEM CONSISTÊNCIA?

	SIM	NÃO
• Na sua empresa, as pessoas têm uma compreensão clara do que é considerado uma conduta correta?	☐	☐
• Você acredita que a cultura corporativa vigente estimula a aproximação entre profissionais de níveis hierárquicos distintos?	☐	☐
• Os programas de recompensa contemplam quem demonstra um comportamento ético adequado?	☐	☐
• Você acredita que sua equipe sabe como agir de forma ética em situações de crise?	☐	☐
• Os profissionais da sua empresa costumam tratar os clientes de forma justa e honesta?	☐	☐
• Os colegas tratam-se de forma justa e honesta?	☐	☐
• Existem mecanismos que demonstram como tomar decisões éticas em todas as camadas da organização?	☐	☐
• Já fez críticas construtivas a seus colaboradores sobre como melhorar a conduta ética ou repreendeu alguém pela postura inadequada?	☐	☐

Treinamento específico

Programas de treinamento e comunicação contribuem para tornar a ética de uma empresa mais transparente. Encare os recursos para esse tipo de iniciativa como um investimento, pois o objetivo é a construção da confiança e dos relacionamentos a longo prazo.

Quais os objetivos?

Mesmo o programa de treinamento mais completo não pode ter a pretensão de cobrir todas as questões éticas de uma empresa. Em geral, o objetivo maior é munir as pessoas da confiança necessária para tomar decisões condizentes com as normas organizacionais, mas outros aspectos importantes são a criação de consciência das áreas de risco, a orientação sobre os canais adequados para solucionar dúvidas e o esclarecimento das consequências de uma conduta antiética, assim como dos benefícios que surgem se todos adotam uma postura correta. Todos os tipos de treinamento à equipe possuem prós e contras.

Contribuição para criar uma postura aberta em relação a questões éticas.

Garantia de que as pessoas compreendam o que é uma postura ética no contexto de suas atribuições.

QUAL O MELHOR TREINAMENTO PARA SUA EMPRESA?

MÉTODO	VANTAGENS	DESVANTAGENS
Palestras e apresentações	Atingem grande número de pessoas; implantação rápida	As pessoas adotam postura passiva e não vivenciam outros pontos de vista
Estudos de caso	Estimulam o debate e a participação	Podem se concentrar demais em um aspecto do programa
Interpretação	Bastante interativo e propício a conclusões	Algumas pessoas podem não querer participar
Vídeos	Realistas	Específicos e pouco participativos
Treinamento on-line	Fácil de implementar e bastante flexível	Oportunidades restritas para discutir e interagir

Benefícios dos treinamentos para uma atuação ética

- Disseminação das responsabilidades e deveres da empresa e a necessidade de respeito às normas.
- Comunicação das normas organizacionais aos colaboradores.
- Atribuição de responsabilidades para a tomada de decisões éticas.
- Apresentação dos recursos que a empresa oferece para criar e manter uma postura ética.
- Esclarecimento das áreas de risco da empresa.
- Estímulo para que as pessoas procurem orientação quando tiverem dúvidas sobre a postura correta em determinada situação.
- Determinação das questões éticas que afetam a empresa e esclarecimento da necessidade de um programa de ética.

Cuidados com a equipe

A satisfação dos colaboradores deve ser uma preocupação primordial para um líder ou empregador. O tratamento ético a todos os profissionais e a garantia de que trabalham para uma empresa correta são elementos cada vez mais importantes na hora de recrutar e preservar os funcionários.

Qual a sua responsabilidade?

A relação empregador-funcionário mudou radicalmente nos últimos anos. Até o século 20 os funcionários serviam ao empregador e tinham poucos direitos, mas hoje, época de escassez de habilidades, o trabalhador está mais para consumidor do que para "escravo" do salário, em condições de escolher o local onde irá atuar com base em critérios que superam a remuneração. Uma pesquisa recente revelou que uma em cada seis pessoas se preocupa com a responsabilidade social de uma empresa, fator que pode ser o primeiro ou o segundo mais importante na hora de decidir onde trabalhar. Cada vez mais as pessoas querem se identificar com o seu trabalho e a escolha que fazem reflete os próprios valores.

Para atrair e manter colaboradores, as organizações precisam rever o que têm a oferecer, somando boa postura ética e cidadania corporativa ao "pacote". Mas atenção: se a promessa não for cumprida, o resultado será o aumento da rotatividade dos empregados, que irão sair assim que perceberem que a postura ética não se sustenta.

O que a sua equipe espera?

Em uma época de mudanças, a reputação ética de uma organização tende a se tornar cada vez mais decisiva no mercado de trabalho. Como um bom empregador, você deve tomar medidas para identificar as aspirações de sua equipe e esforçar-se para atendê-las. Algumas atitudes são a intensificação da reciclagem, a compensação das emissões de carbono por meio do plantio de árvores e a divulgação do compromisso ético. Avalie a possibilidade de oferecer programas de voluntariado como parte do pacote de emprego, ao lado de benefícios como flexibilidade de horários e plano de carreira. Dedique atenção à sua reputação: a maioria dos profissionais recém-formados tira sua percepção de padrões éticos da mídia e é cética em relação ao que as empresas divulgam.

Outra possibilidade é a criação de planos de ações, recurso que oferece aos colaboradores participação financeira real na empresa. Um plano bem definido fornece uma expressão clara da valorização no mercado, e as organizações com esse tipo de mecanismo em geral apresentam baixas taxas de rotatividade, maior satisfação de funcionários e níveis mais elevados de produtividade. Empresas com alto grau de participação dos empregados em geral atingem lucros superiores aos da concorrência.

DICA

CUIDADO COM A REPUTAÇÃO

Mantenha uma postura ética exemplar com seus colaboradores: ex-funcionários descontentes não hesitam em ir a público com denúncias sobre tratamento inadequado.

PERGUNTE-SE... EU SOU UM EMPREGADOR ÉTICO?

- Você trata todos os integrantes da equipe com respeito?
- Você recorre a critérios objetivos na hora de avaliar um colaborador ou de distribuir recompensas?
- No que se refere às questões trabalhistas e benefícios, você age sempre com honestidade?
- você sabe o que de fato motiva seus colaboradores?
- Sua equipe tem espaço para manifestar o que pensa?

Em meio a uma crise

Apesar dos esforços dos gestores para implementar políticas e sustentar uma cultura correta, as empresas podem enfrentar uma crise ética. A forma de reagir em tais situações determina o tamanho do dano causado e o tempo necessário para que uma organização se recupere do problema.

DICA

PROCURE UM PROFISSIONAL

Se sua empresa tiver de enfrentar uma crise, avalie a possibilidade de contratar um consultor especializado em ética empresarial. Esse profissional é preparado para avaliar a situação com isenção.

Antes da tempestade

A melhor maneira de lidar com uma crise ética é evitá-la. Empresas que contam com políticas de conduta bem construídas e disseminadas de forma ampla entre os colaboradores estão mais protegidas dos problemas que envolvem a reputação corporativa do que aquelas que consideram essas medidas um luxo. Adotar políticas, porém, não basta – é preciso monitorá-las e atualizá-las constantemente, a fim de acompanhar as mudanças de expectativa dos diversos investidores.

Tente se antecipar a eventuais crises éticas e pense nas possibilidades: o que você faria se um hacker invadisse os sistemas de computador de sua empresa e roubasse dados confidenciais de clientes? E se um de seus produtos tivesse de ser recolhido?

ESTUDO DE CASO

As lições dos erros

Em 1995, a organização ambientalista Greenpeace protestou contra a maneira como a gigante petrolífera Shell agiu em Brent Spar, unidade de armazenamento no Mar do Norte. A má condução da Shell na hora de apresentar o caso aos investidores comprometeu sua imagem no que se refere à responsabilidade ambiental. Mas a Shell aprendeu com a experiência. Criou programas de diálogo com os principais investidores, inclusive um site pelo qual qualquer pessoa poderia fazer perguntas sobre sua atuação, e um relatório com as iniciativas sociais e ambientais da organização.

Sem hesitação

Em caso de crise, é preciso agir rápido para preservar a reputação da empresa. Reconhecer a existência do problema, consultar especialistas de todas as áreas relevantes, elaborar e aprovar um plano de gestão de crise e nomear um porta-voz para fazer o contato com os investidores e com os meios de comunicação são algumas medidas imediatas. Se a empresa tem responsabilidade, assuma sem demora e tome iniciativas ágeis para atender e compensar as pessoas afetadas.

A boa comunicação é essencial. Procure fazer contato com a mídia em vez de esperar que ela venha até você e reforce que sua empresa está tomando medidas rápidas para resolver a situação. Se você não se manifestar (ou demorar para fazer isso), dará a impressão de que a organização não se importa com o ocorrido ou que está tentando fugir da responsabilidade.

PARA SAIR DA CRISE

PISTA CERTA	CONTRAMÃO
Manter a calma	Entrar em pânico
Falar com honestidade sobre o que está acontecendo	Tentar encobrir os fatos
Assumir a responsabilidade	Atribuir a culpa a terceiros
Avaliar a situação a partir do ponto de vista dos investidores	Concentrar-se apenas nas preocupações internas
Comunicar-se regularmente com o público e a mídia	Tentar fugir do assunto

Capítulo 4

O mundo além da empresa

Ainda não existem normas universalmente aceitas para avaliar o comportamento de uma empresa. No entanto, entidades setoriais, grupos de reflexão e estudiosos da gestão vêm apresentando propostas que não se limitam a somar os lucros.

Padrões úteis

Assim como existem as normas de qualidade e segurança dos produtos, começam a surgir também padrões de comportamento ético. Este conjunto das melhores práticas oferece parâmetros úteis e apresenta a oportunidade de comparar a sua atuação com a de empresas similares.

Números e atitudes

Entidades de atuação internacional, como o Institut of Social and Ethical Accountability e a Organização Internacional para Padronização (ISO), fornecem sistemas para medir o comprometimento ético das organizações. Os processos dessas instituições associam as questões sociais e éticas com a gestão estratégica e as operações de uma empresa. O resultado é uma visão mais holística da responsabilidade corporativa, na qual os riscos, as oportunidades e o impacto na economia e na sociedade são levados em conta ao lado das medidas tradicionalmente usadas para avaliar o sucesso.

Linhas de conduta

Fundada em 1996, a AccountAbility é uma organização norte-americana sem fins lucrativos que reúne empresas, estudiosos e profissionais com o objetivo de promover práticas empresariais responsáveis. A ONG criou e continua a desenvolver um padrão chamado AA1000, através do qual as empresas podem melhorar seus mecanismos de atuação social e adotar normas de prestação de contas.

Outra organização que disponibiliza medidas de responsabilidade é o Open Compliance Ethics Group, entidade sem fins lucrativos com sede nos Estados Unidos. Ao lado de mais de cem empresas, trabalha na criação de um modelo com as melhores práticas globais de implementação, gestão e avaliação de programas éticos. Também registra as exigências legais, as normas e os princípios de fontes distintas e transfere as práticas para quem quiser atender a esses requisitos. As orientações da instituição podem ser adaptadas às situações específicas das diversas empresas.

Abrindo caminhos

A necessidade de normas comuns levou à criação da Organização Internacional para Padronização (ISO), um grupo de representantes de várias entidades nacionais com sede na Suíça. Hoje, a ISO é a maior criadora de normas internacionais, muitas transformadas em lei. A ISO 14000 fornece uma série de determinações ambientais que ajudam as empresas a criar políticas para a promoção de práticas de negócios sustentáveis. Muitos acreditam que a ISO 14000 pode funcionar como iniciativa fundamental para a observação da sustentabilidade em todo o mundo.

Quem são os interessados?

A atuação de qualquer empresa envolve pessoas ou grupos. Essas "partes interessadas" (*stakeholders*) podem ser internas (a equipe de colaboradores e a direção) ou externas, como a comunidade, os clientes, fornecedores e acionistas. O primeiro grupo precisa entender e adotar a cultura organizacional, mas é essencial que os demais conheçam e aprovem os princípios éticos adotados pela empresa e participem da obediência às normas.

A força de cada um

As partes interessadas podem ser primárias e secundárias. As partes primárias são aquelas necessárias para a sobrevivência de um negócio, como os fornecedores, funcionários, clientes e acionistas. As secundárias exercem uma influência menor para a existência da empresa e incluem a mídia, grupos de interesses especiais e associações comerciais.

Outra forma de classificar essas pessoas ou grupos é de acordo com três critérios: poder, legitimidade e urgência. Poder é a capacidade de uma das partes interessadas influenciar nas decisões (em geral, as par-

? PERGUNTE-SE... MINHA EMPRESA ATENDE ÀS NECESSIDADES DE TODAS AS PARTES?

- A empresa sabe quem são as partes primárias e secundárias?
- A empresa considera as preocupações de todos?
- Existe um mecanismo eficiente para manter-se informado sobre as expectativas em relação à empresa?
- As reivindicações e aspirações são levadas a sério?
- A mensagem enviada pela empresa é coerente com os objetivos gerais?
- O compromisso em atender às necessidades de todos é claro?
- A empresa está atendendo às necessidades das partes interessadas?

tes primárias detêm mais poder). Legitimidade é a avaliação de quais partes importam mais. Você deve basear esta decisão em critérios que se enquadram nos limites do que é socialmente aceitável. Se a reivindicação de uma parte não parece legítima, terá poucas chances de ser levada a sério. Urgência refere-se ao tempo envolvido nas interações com as partes, já que algumas exigem ação mais rápida do que outras.

Às vezes, as preocupações das partes interessadas secundárias tornam-se poderosas demais. Durante uma grande crise, por exemplo, a mídia muitas vezes torna-se essencial, ganhando, assim, muito poder. O que antes era uma preocupação secundária para a empresa torna-se imediato. Desta forma, é importante antecipar-se e analisar sempre as necessidades de todas as partes.

Comunicação eficiente

As partes interessadas podem construir ou abalar uma organização, por isso é extremamente importante que sejam gerenciadas com cuidado. Dedique tempo para entender as suas preocupações e responder a elas. Ciente das prioridades e expectativas de cada um, esforce-se para transmitir uma mensagem clara e consistente.

Para se comunicar de forma eficiente é preciso contar com certa preparação. Você precisa identificar o que é esperado da sua organização e considerar isso na hora de formular as mensagens. É importante identificar os melhores canais de comunicação – o site da empresa, relatórios anuais ou anúncios, por exemplo – e certificar-se da coerência do que é informado.

Em situações de crise, a comunicação eficiente ganha uma importância ainda maior. Mesmo tendo de agir com rapidez, é fundamental considerar os interesses envolvidos antes de tomar qualquer medida.

COMO... LIDAR COM AS PARTES

Identifique as partes interessadas primária e secundária.

↓

Recorra a pesquisas ou grupos de discussão para identificar as expectativas.

↓

Avalie como as atividades da empresa afetam cada parte.

↓

Dissemine esta informação pela empresa.

↓

Tome medidas para atender às expectativas de cada parte.

Outras responsabilidades

O resultado final do balanço de uma empresa, que indica se o período gerou lucro ou prejuízo (*bottom line*), já foi considerado o melhor indicador de desempenho de uma organização. Mas hoje até as maiores empresas do mundo já admitem que só esse índice numérico não basta.

O que é a triple bottom line

A *triple bottom line*, ou tripé da sustentabilidade, é uma medida que indica o desempenho social, ambiental e econômico de uma empresa. Avalia o quanto uma organização atende às expectativas e cumpre suas responsabilidades gerais.

Existem dois bons motivos para observar o tripé da sustentabilidade. Em primeiro lugar, no mundo atual cada vez mais espera-se que as empresas se responsabilizem por suas ações e pelo impacto causado – desde as condições de trabalho dos funcionários terceirizados e dos problemas de saúde que seus produtos podem causar até o impacto ambiental dos resíduos que manda para aterros. Os investidores consideram esses aspectos e querem se certificar das práticas adotadas antes de investir. Além disso, a observação do tripé deixa a empresa apta ao novo mercado eticamente consciente.

ESTUDO DE CASO

Apoio abrangente

Realizado desde 2003, o Petrobras Cultural é o maior programa de patrocínio existente hoje no Brasil. Além de investir na preservação da memória do cinema nacional, com o restauro de obras de Glauber Rocha e Nelson Pereira dos Santos, o programa apoia ações voltadas para a produção, a difusão e a circulação de bens culturais, e tem presença destacada no patrocínio de festivais e mostras de cinema. Somente em sua edição 2008/2009, a empresa estatal de energia destinou R$50,5 milhões para seleções públicas de projetos. Tal processo, segundo a companhia, garante transparência e uma efetiva democratização de oportunidades.

Mais do que números

DESEMPENHO ECONÔMICO

- Vendas
- Lucros
- Retorno sobre o investimento
- Impostos
- Satisfação e retenção do cliente
- Geração de emprego
- Satisfação e retenção dos colaboradores

DESEMPENHO AMBIENTAL

- Uso de recursos
- Uso de energia
- Programas de gestão de resíduos
- Qualidade do ar e da água
- Integridade da cadeia de fornecimento
- Respeito aos padrões

DESEMPENHO SOCIAL

- Práticas trabalhistas
- Respeito aos direitos humanos
- Impactos na comunidade
- Responsabilidade pelos produtos ou serviços

Mais do que lucros

O tripé da sustentabilidade não é um prêmio ou uma certificação formal, mas, sim, um processo que ajuda as empresas a seguirem o caminho para uma atividade mais justa. Os lucros continuam sendo um elemento importante nos resultados, mas ao lado de aspectos como o respeito à sociedade e ao meio ambiente.

Empresas que adotam a *triple bottom line* ampliam o conceito de desempenho financeiro para além dos resultados tradicionais de lucro ou prejuízo e passam a considerar também o impacto econômico que causam na sociedade como um todo. Para avaliar os benefícios da sua empresa na comunidade, pergunte-se:

- Minha empresa paga salários justos e fornece boas condições de trabalho a todos os colaboradores?
- Existem disparidades gritantes de remuneração entre meus funcionários?
- A organização dá preferência aos recursos locais?
- Os contratos com os fornecedores são justos? Eu me esforço para ajudar na melhora dos padrões?
- Minha empresa apoia uma instituição ou uma causa que defenda valores apreciados por meus clientes?

✔ PREPARE-SE... O QUE SUA EMPRESA CONSIDERA UM DESEMPENHO DE SUCESSO?

	SIM	NÃO
• Ao avaliar os resultados econômicos, sua empresa leva em conta as consequências para a sociedade?	☐	☐
• Sua empresa adota políticas de responsabilidade social ou para conter o impacto ambiental?	☐	☐
• A organização atende ou supera os padrões do setor?	☐	☐
• A preocupação em atender à *triple bottom line* é divulgada e reforçada por toda a empresa?	☐	☐
• A comunidade e o meio ambiente são aspectos importantes para a sua empresa?	☐	☐

Impactos ambientais

Para adotar o tripé da sustentabilidade, sua empresa precisa ter uma relação de impacto mínimo com o meio ambiente. Procure implantar de forma consistente práticas sustentáveis que contribuam para preservar o ambiente, como a redução do consumo de energia e a reavaliação dos processos de produção causadores de danos. Se a sua empresa provoca impactos ambientais, assuma que os custos para minimizar e compensar esses efeitos cabem a você e não ao governo ou outras instituições. Com o ônus da responsabilidade claro para sua organização, a consequência é uma abordagem mais ambientalmente responsável das atividades.

DICA

AVALIAÇÃO DO CICLO DE VIDA

Se sua empresa atua na fabricação de itens, pense no ciclo de vida de seus produtos. Isso irá determinar os custos ambientais reais, desde a coleta das matérias-primas até a distribuição e o descarte.

Atuação social

Um dos pilares do tripé da sustentabilidade é a atuação social, termo que se refere às atitudes e ações de uma empresa para com seus colaboradores, consumidores, a comunidade e outras partes interessadas. É preciso reconhecer que as relações com esses grupos fazem parte do desempenho da organização e trabalhar para o benefício de todos esses componentes. Avalie os salários pagos e certifique-se de que são condizentes com o mercado, jamais descuide da segurança do ambiente de trabalho e determine jornadas realistas.

Uma política social pode incluir ações para investir na saúde, na educação e nas oportunidades econômicas de um grupo maior de pessoas. Algumas empresas adotam uma prática chamada *upstreaming*, que consiste em dividir uma parte dos lucros com os produtores originais de matérias-primas, comunidades agrícolas ou agricultores, como forma de impulsionar o desempenho. Para avaliar o nível de sua responsabilidade social, muitas empresas recorrem a estudos de auditoria ou consultoria específica.

Cadeia de fornecedores

Sua empresa tende a ser avaliada não só pelos padrões éticos que adota mas pela postura e pelo comportamento de todas as organizações que fornecem produtos e serviços. Para evitar surpresas, como ser responsabilizado pela eventual má conduta de quem trabalha com a sua empresa, conheça antes todas as práticas e formas de atuação dos seus fornecedores.

DICA

AVALIAÇÃO PRÉVIA

Antes de incorporar um fornecedor novo, verifique se a empresa permite a atuação sindical, o que em geral denota respeito aos direitos dos colaboradores.

Consequências indesejáveis

Ainda que sua empresa se esforce para observar e adotar uma conduta ética clara, não está livre de desgastes causados por agentes externos, mas que de alguma forma podem ser associados a ela. Em geral, o risco é maior no setor de varejo ou com marcas de grande alcance. Um exemplo recente é o caso da fabricante de brinquedos Mattel, que tinha cerca de 50% de sua produção terceirizada para produtores chineses. Após a descoberta do uso de chumbo na tinta que cobria alguns itens, teve de recolher cerca de 1 milhão de unidades, causando prejuízos tanto ao caixa como à sua reputação. A não utilização de material tóxico era uma exigência feita aos fornecedores, mas que não foi cumprida e gerou danos.

PREPARE-SE... QUAL É A POSTURA ÉTICA DOS SEUS FORNECEDORES?

	SIM	NÃO
• A empresa presta algum tipo de apoio à comunidade na qual atua?	☐	☐
• Faz esforços consistentes para atrair e manter uma equipe de trabalho com representantes das diversas origens e culturas da comunidade?	☐	☐
• Existem iniciativas para estimular a proteção e a preservação do ambiente natural?	☐	☐
• Adota uma política ética consistente e ativa? Tem clareza quanto a suas responsabilidades?	☐	☐
• Conta com sistemas de informe financeiro e programas de gestão de risco?	☐	☐
• Em caso de ferimento, perigo, acidente ou danos, a empresa costuma agir com rapidez e de forma eficiente?	☐	☐

Rede de confiança

Não é simples montar e manter uma cadeia de fornecedores com boa atuação ética: as exigências feitas devem ser rígidas, mas também precisam ser realistas e levar em conta aspectos culturais e legais. Diversas organizações baseiam seus padrões em critérios independentes, como as determinações da Organização Internacional do Trabalho. Mas a mera adoção de normas não garante o cumprimento, porque alguns fornecedores podem concordar com os parâmetros não por convicção, mas apenas para não perder a oportunidade de negócio. Para que a decisão seja consistente, é preciso uma atuação bastante próxima dos fornecedores. Uma opção é escolher quem vai trabalhar para sua empresa com base em critérios comerciais e depois atuar em conjunto para garantir a observância dos padrões exigidos, que precisam ficar claros desde o início. Apresente os riscos reais de uma conduta antiética e certifique-se de que os fornecedores têm condições de atender aos critérios por meio do acompanhamento atento. Outra medida essencial é fazer uma avaliação dos procedimentos de compra e de contratação adotados por sua empresa e identificar eventuais conflitos entre os aspectos éticos e os objetivos comerciais.

Investimentos éticos

No século 21, aumentou a tendência de destinar investimentos a quem adota políticas éticas. Só nos Estados Unidos, estima-se que três quartos dos investidores tenham preocupações com essas questões e levam em conta a conduta das empresas na hora de tomar decisões.

Em sintonia

*** Investimento ético** – *tipo de investimento que tenta equilibrar os ganhos financeiros com o impacto positivo das atuações da empresa.*

O investimento ético* é uma estratégia adotada por pessoas, instituições sem fins lucrativos, governos e organizações. Quem atua em uma empresa tem a responsabilidade de torná-la atraente para potenciais investidores e garantir que a gestão dos próprios fundos não cause danos à sociedade.

O investimento ético ganhou destaque no mundo nas décadas de 1970 e 1980, com as recusas de investimento em empresas sul-africanas por causa das violações aos direitos humanos decorrentes do regime de *apartheid*. Hoje, muitos investidores evitam destinar seu dinheiro a fundos associados a posturas antiéticas, ainda que a projeção de ganhos seja alta. Na mesma linha, cresce a procura por oportunidades de investir em organizações com benefícios sociais claros.

Novas oportunidades

A ideia de investimento ético varia de acordo com cada país e depende das percepções culturais que as pessoas têm das diversas empresas. Os europeus fazem mais restrições a quem atua no setor de culturas transgênicas do que os norte-americanos, e tendem a investir menos em tecnologias de modificação genética. No entanto, algumas áreas, como as energias renováveis, são consideradas uma alternativa ética – e, a longo prazo, essencial – ao consumo de combustíveis

ESTUDO DE CASO

Impacto comunitário

Em 2009, o Bradesco destinou mais de R$380 milhões a investimentos socioambientais. Em 2010, a instituição busca consolidar suas políticas e diretrizes referentes a doações e a patrocínios de instituições, projetos e eventos – resultado de um trabalho em parceria com o Instituto para o Desenvolvimento do Investimento Social (Idis). O principal objetivo do projeto é revelar oportunidades para melhorar o processo de decisão de apoio corporativo a ações de natureza socioambientais, sempre com uma preocupação em mente: potencializar o impacto positivo das iniciativas nas comunidades onde o banco atua.

fósseis. Pesquisas revelaram que o investimento "correto" é mais do que uma maneira consciente de ganhar dinheiro: os fundos éticos têm apresentado bom desempenho ao longo dos anos. Além disso, a Organização Internacional do Comércio estuda a regulamentação das empresas que exploram o trabalho dos colaboradores, os animais ou o ambiente, o que faz dos investimentos éticos uma escolha mais segura.

DICA

BASE REAL

Tenha em mente que investidores éticos continuam sendo investidores: querem segurança e bons retornos ao lado de estratégias socialmente responsáveis.

Para onde vai o seu dinheiro?

As pessoas às vezes fazem investimentos sem conhecer o destino do dinheiro. Na hora de escolher os prestadores de serviços, como bancos, fundos de pensões e seguradoras, prefira as instituições que tenham transparência em relação aos critérios para selecionar os investimentos éticos. Em geral, as características são:

- **Critérios negativos:** recusa em investir em empresas dos setores tabagista e armamentista, que causam danos ao ambiente ou estejam envolvidas em denúncias.
- **Critérios positivos:** prioridade a empresas com impacto positivo sobre a sociedade ou o ambiente, como as que usam energia sustentável e reciclam.
- **Envolvimento:** utilização do poder de acionista para estimular a melhoria das interações com a comunidade e o meio ambiente.

As melhores práticas

A teoria e a prática da ética nos negócios estão em evolução constante. Como envolvem as tradições, leis e regulamentações, recebem contribuições vindas de quem abre os caminhos – as empresas na vanguarda. Algumas dessas organizações se tornaram famosas pelas boas práticas, confiabilidade e integridade na hora de fazer mais do que cumprir o que a legislação exige. Dedique tempo para saber o que acontece na ética dos negócios e tente descobrir o que pode ser aplicável à sua organização.

O bem para o mundo

Algumas empresas ficaram famosas por suas atividades filantrópicas e têm suas marcas fortemente associadas a boas ações. Um desses nomes é o Google, potência do setor de tecnologia. O gigante norte-americano acredita que as empresas têm o dever de agir de forma responsável a fim de diminuir o impacto negativo da atividade humana no ambiente. Como resultado criou o google.org, uma organização dedicada a usar a tecnologia para ajudar na solução de problemas mundiais, como as mudanças climáticas e as doenças.

Existe também um trabalho com outras organizações sem fins lucrativos destinado a criar um código de conduta para ajudar empresas a lidar com governos opressores. Até agora, o Google já liberou mais de US$75 milhões em doações e investimentos em todo o planeta. De acordo com Andy Hinton, executivo responsável pelo setor de envolvimento e comprometimento da empresa, "o Google se esforça para mudar o mundo – para melhor".

Equipe a postos

Muitas empresas constatam que as políticas éticas e os códigos significam pouco se não houver empenho dos funcionários, e por isso tomam medidas para estimular a adesão. Um exemplo é a Texas Instruments. A empresa de eletrônicos emprega mais de 30 mil pessoas em mais de 25 países e acredita que a parceria entre colaboradores e empregador é crucial para uma cultura empresarial correta.

A Texas mantém uma área especial dedicada à ética e criou vários canais de comunicação para informar os funcionários sobre os problemas éticos e legais que surgem em um setor em constante mudança, além de treinar a equipe a pensar no assunto por meio de testes rápidos. A orientação dada pela empresa é que, quando estiverem em dúvida sobre a adequação de uma postura, os funcionários façam as seguintes reflexões:

- O que diz a lei?
- É condizente com nossos valores?
- Eu vou me sentir culpado?
- Qual a possível repercussão?
- Se eu achar que é errado, não farei!
- Se tiver dúvidas, devo perguntar.
- Procurarei respostas até me sentir satisfeito.

Postura global

Aplicar um código consistente de ética no mundo globalizado é um desafio que tem sido cumprido com sucesso pela empresa de entrega de encomendas UPS, com operações em mais de 200 países. Apesar de atuar em tantos territórios diferentes e com idiomas distintos, a multinacional da área de logística mantém a integridade ética. Para certificar-se de que seus padrões eram compreendidos nas diferentes culturas, disponibilizou seu código de conduta em 12 línguas.

A UPS também participa de muitas iniciativas filantrópicas e ganhou um prêmio do organismo norte-americano de proteção ambiental pelas estratégias inovadoras para reduzir sua pegada ecológica. Recentemente, recebeu elogios pelo incentivo à diversidade e por ser um dos melhores lugares para se iniciar uma carreira.

Índice

Agradecimentos

Agradecimentos dos autores
Agradecemos a Jennifer Jackson pela coordenação e desenvolvimento do conteúdo deste livro. Agradecemos também a Jennifer Sawayda pela intervenção nos originais, pois sua ajuda para o resultado final foi inestimável. Agradecemos ainda a John Fraedrich, Debbie Thorne, Bob Chandler e Lynn Brewer pelas contribuições e profundo conhecimento sobre o que é a ética nas empresas. Muito obrigado, Tim Rhodes, pelas informações sobre como proteger a inteligência das empresas *(págs. 32-3)*. Somos gratos ao legado de Bill Daniels e sua inspiração quanto à conduta ética, presentes na Daniels Fund. Agradecemos aos que atuam na Daniels Fund e continuam o trabalho, em especial Linda Childears, Barbara Danbom e Sparky Turner. Essas pessoas elevam os padrões e fazem a diferença na educação para a ética. Agradecimentos especiais a Amy Wohlert, da Anderson School of Management da Universidade do Novo México, pelo apoio a essas e a outras iniciativas.

Agradecimentos da Dorling Kindersley
A Dorling Kindersley gostaria de agradecer a Hilary Bird (índice), Judy Barratt (revisão) e Charles Wills, que atuou na versão americana do livro.

Imagem da capa
Haag + Kropp GbR / Getty Images

Créditos das fotos
A editora agradece às seguintes pessoas pela permissão de uso das imagens:
1 Getty Images: Harald Sund; 4-5 iStockphoto.com: Dean J. Birinyi Photography; 8-9 iStockphoto.com: Jacques Kloppers; 14-5 Corbis: George Diebold/Solus-Veer; 17 Getty Images: Michael M. Schwab; 26-7 Alamy: INSADCO Photography; 32-3 Alamy: JCB-Images; 38-9 iStockphoto.com: NickS; 42-3 Alamy: Tom Mackie; 45 istockphoto.com: Paweł Tałajkowski; 46 Alamy: Arco Images GmbH; 50-1 Getty Images: Edwin Remsberg; 52 iStockphoto.com: bubaone; 52 iStockphoto.com: susaro; 57 Alamy: Captured Sight; 61 iStockphoto.com: Simon Smith; 61 Alamy: Petra Wegner; 61 Alamy: Les Polders; 64 iStockphoto.com: Martin McCarthy; 68-9 iStockphoto.com: Kameleon007.